PE. JOEL FERRARI, CS
PE. EVANDRO ANTÔNIO CAVALLI, CS
(ORGANIZADORES)

Novena em honra a São João Batista Scalabrini

PAI E APÓSTOLO DOS MIGRANTES

EDITORA SANTUÁRIO

Coordenação editorial: Ana Lúcia de Castro Leite
Copidesque: Sofia Machado
Revisão: Luana Galvão
Diagramação e Capa: Mauricio Pereira

ISBN: 978-65-5527-371-7

1ª impressão

Rua Pe. Claro Monteiro, 342 – 12570-045 – Aparecida-SP
Tel.: 12 3104-2000 – Televendas: 0800 - 0 16 00 04
www.editorasantuario.com.br
vendas@editorasantuario.com.br

São João Batista Scalabrini

* Fino Mornasco, Itália, 8/7/1839
† Piacenza, 1/6/1905

Ordenado sacerdote, com apenas 24 anos, foi educador no seminário diocesano e depois pároco de uma paróquia na periferia de Como. Aos 36 anos de idade, foi nomeado bispo de Piacenza, pelo papa Pio IX. Foi particularmente devoto da Eucaristia, da Cruz de Jesus Cristo e da Bem-aventurada Virgem Maria. Foi um pastor zeloso: visitou cinco vezes todas as paróquias da diocese, socorreu as vítimas da cólera, visitou os doentes e os encarcerados, salvou da fome milhares de operários e camponeses, fundou um instituto para os surdos e mudos, celebrou três sínodos diocesanos. Grande dedicação prestou à catequese: fundou a primeira revista mensal catequética italiana (1876), publicou um livro de catequese (1877), criou escolas para formação de catequistas, celebrou o 1º congresso catequético nacional (1889). Pio IX chamou-o de "Apóstolo do Catecismo".

Destacou-se, sobretudo, pela atenção aos emigrantes italianos que partiram para os Estados Unidos e para o Brasil. Preocupado com a assistência religiosa, moral, social e legal dos migrantes, fundou a Congregação dos Missionários de São Carlos (Scalabrinianos), no dia 28 de novembro de 1887; instituiu uma associação de leigos (Sociedade São Rafael), em 1889; e, com a ajuda do Pe. José Marchetti e de sua irmã Assunta, fundou a Congregação das Irmãs Missionárias de São Carlos Borromeo (Scalabrinianas), no dia 25 de outubro de 1895. Visitou seus missionários na América: Estados Unidos (1901) e Brasil (1904). Sua santidade foi reconhecida pela Igreja, que o considera "Pai e Apóstolo dos Migrantes": beatificado pelo papa São João Paulo II (9/11/1997) e canonizado pelo papa Francisco (9/10/2022). Sua memória litúrgica é celebrada no dia 1º de junho.

1º Dia

São João Batista Scalabrini e a família

Em nome do Pai e do Filho e do Espírito Santo. Amém.

São João Batista Scalabrini, promotor da família humana e cristã, peço-vos, com muita fé, que intercedais junto a Deus todo-poderoso para que me conceda esta graça *(pedir a graça...)*. De minha parte, comprometo-me a rezar pelas famílias.

Palavra de Deus *(Ef 5,33; 6,1.4)*

"Cada um de vocês ame sua mulher como a si mesmo, e a mulher respeite seu marido. Filhos, obedeçam a seus pais no Senhor, pois isso é justo. Pais, não deem aos filhos motivo de revolta contra vocês; criem os filhos educando-os e corrigindo-os como quer o Senhor."

Reflexão

"A família é o primeiro ninho da alma, a primeira escola para a inteligência, o primeiro abrigo para a fé, o primeiro refúgio para o amor, o primeiro templo de Deus, o santuário das tradições mais caras, o alegre teatro de nossa infância, o primeiro e último suspiro do coração." (São João Batista Scalabrini)

Oração

Deus, nosso Pai, que em São João Batista Scalabrini nos destes um zeloso defensor da família, concedei-nos a graça de termos santas e abençoadas famílias cristãs. Por nosso Senhor Jesus Cristo, vosso Filho, na unidade do Espírito Santo. Amém.

Pai-nosso... Ave-Maria... Glória...

São João Batista Scalabrini, rogai por nós!

2º Dia

São João Batista Scalabrini e os doentes

Em nome do Pai e do Filho e do Espírito Santo. Amém.

São João Batista Scalabrini, atencioso para com os doentes e enfermos, peço-vos, com muita fé, que intercedais junto a Deus todo-poderoso para que me conceda esta graça *(pedir a graça...)*. De minha parte, comprometo-me a rezar pelos doentes e enfermos.

Palavra de Deus *(Tg 5,14-15)*

"Alguém de vocês está enfermo? Chame os presbíteros da Igreja para que rezem por ele, ungindo-o com o óleo, em nome do Senhor. A oração feita com fé salvará o doente: o Senhor o levantará, e, se tiver pecados, será perdoado."

Reflexão

"Certamente nada agrada tanto a Deus quanto o cuidado com os enfermos. É uma das formas mais belas da vida cristã e civil." (São João Batista Scalabrini)

Oração

Deus, nosso Pai, que em São João Batista Scalabrini nos destes um pastor sensível aos doentes e a suas enfermidades, concedei-nos a graça do restabelecimento da saúde de nossos doentes e enfermos. Por nosso Senhor Jesus Cristo, vosso Filho, na unidade do Espírito Santo. Amém.

Pai-nosso... Ave-Maria... Glória...

São João Batista Scalabrini, rogai por nós!

3º Dia

São João Batista Scalabrini e os trabalhadores

Em nome do Pai e do Filho e do Espírito Santo. Amém.

São João Batista Scalabrini, mobilizador dos operários, peço-vos, com muita fé, que intercedais junto a Deus todo-poderoso para que me conceda esta graça *(pedir a graça...)*. De minha parte, comprometo-me a rezar pelos desempregados e pelos trabalhadores.

Palavra de Deus *(1Ts 4,11)*

"Que seja para vocês uma questão de honra viver em paz, ocupando-se com as coisas que lhes pertencem e trabalhando com as próprias mãos, conforme recomendamos."

Reflexão

"Se o trabalho valoriza o capital, por que não deverá ter maior participação dos trabalhadores, ao menos até o ponto de lhes garantir alimento suficiente, sadio e seguro?" (São João Batista Scalabrini)

Oração

Deus, nosso Pai, que em São João Batista Scalabrini nos destes um bispo comprometido com as questões sociais, concedei-nos a graça do trabalho, do emprego e do salário digno. Por nosso Senhor Jesus Cristo, vosso Filho, na unidade do Espírito Santo. Amém.

Pai-nosso... Ave-Maria... Glória...

São João Batista Scalabrini, rogai por nós!

4º Dia

São João Batista Scalabrini e os pecadores

Em nome do Pai e do Filho e do Espírito Santo. Amém.

São João Batista Scalabrini, ministro da reconciliação, peço-vos, com muita fé, que intercedais junto a Deus todo-poderoso para que me conceda esta graça *(pedir a graça...)*. De minha parte, comprometo-me a rezar por minha conversão e pela conversão de todos os pecadores.

Palavra de Deus *(Mt 18,21-22)*

"Pedro aproximou-se de Jesus e perguntou: 'Senhor, quantas vezes devo perdoar, se meu irmão pecar contra mim? Até sete vezes?' Jesus respondeu: 'Não lhe digo que até sete vezes, mas até setenta vezes sete'."

Reflexão

"Quem não ama e não perdoa não está com a Igreja." (São João Batista Scalabrini)

Oração

Deus, nosso Pai, que em São João Batista Scalabrini nos destes um autêntico ministro da reconciliação, a seu exemplo, movei nossos corações ao perdão, à reconciliação e à paz. Por nosso Senhor Jesus Cristo, vosso Filho, na unidade do Espírito Santo. Amém.

Pai-nosso... Ave-Maria... Glória...

São João Batista Scalabrini, rogai por nós!

5º Dia

São João Batista Scalabrini e os sofredores

Em nome do Pai e do Filho e do Espírito Santo. Amém.

São João Batista Scalabrini, homem que unia as cruzes da vida à cruz de Cristo, peço-vos, com muita fé, que intercedais junto a Deus todo--poderoso para que me conceda esta graça *(pedir a graça...)*. De minha parte, comprometo-me a rezar pelas pessoas aflitas e sofredoras.

Palavra de Deus *(Jó 2,7.9-10)*

"Satã feriu Jó com feridas graves, desde a planta do pé até a cabeça. Sua mulher lhe disse: 'E você ainda continua em sua integridade? Amaldiçoe a Deus e morra de uma vez!' Jó respondeu: 'Você está falando como louca!

Se aceitamos de Deus os bens, não devemos também aceitar os males?' E, apesar de tudo isso, Jó não ofendeu a Deus com palavras."

Reflexão

"O ano que está para findar foi para mim cheio de cruzes, mas, talvez – graças a Deus! –, o mais fecundo em obras santas. Como é verdade que na cruz se encontra o vigor e a força!" (São João Batista Scalabrini)

Oração

Deus, nosso Pai, que em São João Batista Scalabrini nos destes um exemplo de fidelidade nos sofrimentos, concedei-nos a graça da fé diante das provações da vida. Por nosso Senhor Jesus Cristo, vosso Filho, na unidade do Espírito Santo. Amém.

Pai-nosso... Ave-Maria... Glória...

São João Batista Scalabrini, rogai por nós!

6º Dia

São João Batista Scalabrini e os migrantes

Em nome do Pai e do Filho e do Espírito Santo. Amém.

São João Batista Scalabrini, pai e apóstolo dos migrantes, peço-vos, com muita fé, que intercedais junto a Deus todo-poderoso para que me conceda esta graça *(pedir a graça...)*. De minha parte, comprometo-me a rezar pelos migrantes.

Palavra de Deus *(Mt 25,35-36)*

"Eu estava com fome, e vocês me deram de comer; eu estava com sede, e me deram de beber; eu era estrangeiro, e me receberam em sua casa; eu estava sem roupa e me vestiram; eu estava doente, e cuidaram de mim; eu estava na prisão, e vocês foram me visitar."

Reflexão

"Para o migrante pátria é a terra que lhe dá o pão!" (São João Batista Scalabrini)

Oração

Deus, nosso Pai, que em São João Batista Scalabrini nos destes um apóstolo dos migrantes, concedei-nos a graça de uma vida cristã acolhedora. Por nosso Senhor Jesus Cristo, vosso Filho, na unidade do Espírito Santo.

Amém.

Pai-nosso... Ave-Maria... Glória...

São João Batista Scalabrini, rogai por nós!

7º Dia

São João Batista Scalabrini e as crianças

Em nome do Pai e do Filho e do Espírito Santo. Amém.

São João Batista Scalabrini, amigo das crianças, peço-vos, com muita fé, que intercedais junto a Deus todo-poderoso para que me conceda esta graça *(pedir a graça...)*. De minha parte, comprometo-me a rezar pelas crianças e pelos adolescentes.

Palavra de Deus *(Mc 9,36-37)*

"Jesus pegou uma criança e colocou-a no meio deles. Abraçou a criança e disse: 'Quem receber em meu nome uma destas crianças estará recebendo a mim. E quem me receber não estará recebendo a mim, mas àquele que me enviou'."

Reflexão

"Esculpi bem na mente, ó pais, pois as crianças vivem da imitação, e que vosso exemplo, mais que as palavras, sirva para elas de estímulo e encorajamento." (São João Batista Scalabrini)

Oração

Deus, nosso Pai, que em São João Batista Scalabrini nos destes um pai dos órfãos, concedei-nos a graça do cuidado dos pequenos e fracos. Por nosso Senhor Jesus Cristo, vosso Filho, na unidade do Espírito Santo. Amém.

Pai-nosso... Ave-Maria... Glória...

São João Batista Scalabrini, rogai por nós!

8º Dia

São João Batista Scalabrini e os pobres

Em nome do Pai e do Filho e do Espírito Santo. Amém.

São João Batista Scalabrini, solidário com os mais necessitados, peço-vos, com muita fé, que intercedais junto a Deus todo-poderoso para que me conceda esta graça *(pedir a graça...)*. De minha parte, comprometo-me a rezar pelos pobres e pelos que passam fome.

Palavra de Deus *(Is 58,6a.7a.10-11a)*
"O jejum que eu quero é este: repartir a comida com quem passa fome. Se você der o seu pão ao faminto e matar a fome do oprimido, então a sua luz brilhará nas trevas e a escuridão será para você como a claridade do meio-dia. O

Senhor será sempre o seu guia e lhe dará fartura até mesmo em terra deserta."

Reflexão

"O pobre é privado de tantos bens da terra, mas, rico de bens do céu. Muitas vezes, ele é enjoado, descontente, ingrato, mas em sua fronte resplandece sempre o caráter da filiação divina [...]. O pobre é a pupila de Deus e quanto fizermos ao pobre, nós o fazemos a Deus mesmo." (São João Batista Scalabrini)

Oração

Deus, nosso Pai, que em São João Batista Scalabrini nos destes um servidor dos pobres e famintos, concedei-nos a graça de repartirmos o pão e os bens com os mais necessitados. Por nosso Senhor Jesus Cristo, vosso Filho, na unidade do Espírito Santo. Amém.

Pai-nosso... Ave-Maria... Glória...

São João Batista Scalabrini, rogai por nós!

9º Dia

São João Batista Scalabrini e as vocações

Em nome do Pai e do Filho e do Espírito Santo. Amém.

São João Batista Scalabrini, animador das vocações na Igreja, peço-vos, com muita fé, que intercedais junto a Deus todo-poderoso para que me conceda esta graça *(pedir a graça...)*. De minha parte, comprometo-me a rezar sempre pelas vocações.

Palavra de Deus *(Lc 10,2)*

"Jesus dizia a seus discípulos: 'A colheita é grande, mas os trabalhadores são poucos. Por isso peçam ao dono da colheita que mande trabalhadores para a colheita'."

Reflexão

"Se com o tempo pudermos formar sacerdotes entre os filhos de nossos migrantes, teremos operários para a abundantíssima messe." (São João Batista Scalabrini)

Oração

Deus, nosso Pai, que em São João Batista Scalabrini nos destes um servo fiel, concedei-nos a graça de viver com generosidade a vocação a que nos chamais. Por nosso Senhor Jesus Cristo, vosso Filho, na unidade do Espírito Santo. Amém.

Pai-nosso... Ave-Maria... Glória...

São João Batista Scalabrini, rogai por nós!

Oração a São João Batista Scalabrini

Ó São João Batista Scalabrini,
com coração de bispo e fervor de apóstolo,
tu te fizeste tudo para todos.
Escutaste o clamor dos migrantes,
falaste em seu nome,
defendeste seus direitos.
A Eucaristia foi teu sustento,
a Cruz de Jesus teu refúgio,
Maria, Mãe da Igreja, teu conforto.
Por tua intercessão,
Deus, que é Pai, Filho e Espírito Santo,
conceda paz a toda a humanidade,
proteja os que cruzam mares e
fronteiras apoiados na esperança,
abençoe a nós e nossos familiares
e conceda-nos a graça...
que confiantes te pedimos!
Amém.

São João Batista Scalabrini, rogai por nós!

Rezai sem cessar

Tendo realizado com fé esta novena em honra a São João Batista Scalabrini, você pôde conhecer um pouco desse santo homem e percebeu como ele está perto de Deus.

Certamente, enquanto você rezava, também esteve bem perto de Deus suplicando por suas e pelas necessidades de tantas pessoas.

Isso já é uma graça alcançada. Depois, se você obteve também aquela graça que suplicou, ao fazer a novena, então agradeça incessantemente e não deixe de rezar a Deus pela poderosa intercessão de Scalabrini.

A novena será concluída com sua fervorosa participação em uma santa missa, assim que puder.